Lk 295.

UN ENTERREMENT

AU DOUZIÈME SIÈCLE

UN ENTERREMENT

AU

DOUZIÈME SIÈCLE.

L'an 1110 de l'Incarnation de Notre Seigneur Jésus-Christ, le 1er novembre, un paroissien de Notre-Dame de la Charité d'Angers (Le Ronceray), Bernier, surnommé Mantel ou Manteau, se rendait à cette église pour assister aux offices nocturnes de la Toussaint, lorsqu'il tomba dans un guet-apens. Il y fut blessé à mort par certains individus, dont il s'était fait des ennemis par ses procédés trop vexatoires. Transporté dans sa maison par ses parents et ses voisins, il mit ordre aux affaires de sa conscience et prescrivit les aumônes qui lui parurent convenables. Il ordonna aussi que son corps fut enterré dans le cimetière de Saint-Laurent, où il devait l'être, et où l'avait été celui de sa mère, dont le nom revenait alors fréquemment sur ses lèvres.

Déjà, à l'approche de la mort, son esprit, sa tête et sa langue

De disceptatione cujusdam humationis inter monachos S. Sergii et moniales.

Anno dominicæ Incarnationis MCX°, quidam parrochianus S. Mariæ Caritatis, Bernerius nomine, cognomento Mantellus, in kalendis Novembris, nocte festo Omnium Sanctorum, cum pergeret ad ecclesiam, obtentus ab inimicis quos acquisierat nocendo, vulneratus est ad mortem. Domum delatus a suis, fecit se confessum et dimisit elemosinam suam, jussitque ut sepeliretur in cimiterio S. Laurentii, ubi debebat et ubi mater ejus, quam tunc frequentius memorabat, sepulta jacebat. Post hoc, cum jam appropinquante morte mens ejus, cerebrum et lingua turbarentur, quod plane patuit

étaient affaiblis de la manière la plus évidente, lorsque l'abbé de Saint-Serge, dom Gautier, se rendit auprès de lui. Il le confessa, et, après beaucoup d'instances, lui fit dire qu'il voulait être inhumé à Saint-Serge : non pas qu'il fût permis à un paroissien d'élire sa sépulture où bon lui semblait; mais Bernier, avide d'honneurs, était entré au service du comte d'Anjou. Il avait eu la surveillance de ses vignes, dans la garde desquelles il avait, du reste, tenu une conduite plus que rigoureuse; et cette charge semblait lui donner une sorte de prétexte pour se soustraire aux droits de la paroisse.

Après sa mort, il y eut entre les abbayes du Ronceray et de Saint-Serge de grands débats pour son enterrement : les religieuses réclamaient le corps, comme celui de leur paroissien; les moines de leur côté, prétendaient qu'on devait fidèlement exécuter ce que Bernier avait prescrit dans sa dernière confession. Accourus en toute hâte, ceux-ci déposèrent leur *pallium* sur le cadavre. Les parents et alliés du défunt s'étaient déclarés en faveur des moines : aussi, lorsque les religieuses se présentent pour enlever le corps, ils excitent une violente dispute. Maintes injures sont bien et dûment reçues et rendues de part et d'autre, on en arrive bientôt aux voies de fait : force coups de poings et de bâtons sont distribués; les candélabres funéraires servent eux-mêmes à frapper les religieuses et leurs prêtres, et à les obliger à prendre la fuite. Cependant les serviteurs et les bourgeois du Ronceray, ayant appris et vu ce qui se passait, accourent au secours de leurs maîtresses. Ils administrent à leur tour bon nombre de horions, arrachent le corps de Bernier des mains de ceux qui l'enlevaient, et l'apportent aussitôt dans l'église de Notre-Dame.

Le seigneur évêque, Rainaud de Martigné-Briant, était pour lors

assistentibus, venit ad eum abbas S. Sergii qui tunc erat; et fecit eum confessum, persuasitque ei ut juberet tumulari se apud S. Sergium; non quia liceat parrochianis illis passim sepeliri ubi voluerint, sed erat quantulacumque causa : quia, ut erat curiosus, ingesserat se ministerio comitis circa vineas, et inde fuerat molestior multis.

Illo mortuo, facta est contentio super corpore inter monachos S. Sergii et moniales : dicentibus his suum esse parrochianum, illis e contra ratum esse debere quod jusserat in novissima confessione. Monachi posuerant pallium suum super corpus. Quidam pertinentium ad mortuum, per cognationem et affinitatem, malebant ut monachi haberent et auferrent eum. Hi moverunt seditionem : et non tantum actum est et minis, sed etiam pugnis et fustibus: ipsis quoque candelabris aliquid indigne gestum est erga moniales et suos. Re comperta, famuli et burgenses S. Mariæ convenerunt auxilio mo-

absent d'Angers. Sur les plaintes qui leur furent faites, par l'abbé et les moines de Saint-Serge, l'archidiacre et les autres officiers du prélat ordonnèrent aux religieuses de restituer immédiatement le corps.

L'abbesse, dame Tiburge, et plusieurs de ses filles, inclinaient à l'obéissance : elles craignaient d'attirer sur elles la colère de l'évêque, auquel l'occasion de se venger ne manquerait certainement pas. Un grand nombre d'autres sœurs ne partageaient pas cet avis. « En rendant le corps, disaient-elles, nous donnons lieu à un pré-» cédent déplorable pour l'abbaye. Lorsqu'il y a tant de dommage » dans le présent, tant de péril dans l'avenir, nous ne devons pas » aveuglément nous soumettre à ce que lesdits seigneurs prétendent » obtenir, au nom de l'évêque; notre condescendance ferait naître » des abus sans fin. »

L'opinion de ces dernières l'emporta. De son côté, l'archidiacre persista dans sa décision, et, pour en assurer le triomphe, il défendit aux prêtres de la ville et du diocèse de faire l'enterrement avec les religieuses.

Il passe fréquemment à Angers des prêtres pèlerins. L'abbesse le savait, et surtout elle n'ignorait pas que l'interdiction portée par l'archidiacre ne pouvait les atteindre. Envoyés par elle, ses gens ne tardent pas à rencontrer un de ces prêtres et à le lui amener. Dame Tiburge n'eut pas grand peine à obtenir de lui qu'il célébrât l'office des morts; après quoi, elle fait inhumer, en présence de ses religieuses, le cadavre de Bernier dans le cimetière de Saint-Laurent.

A cette nouvelle, l'abbé, dom Gautier, se met en route pour voir l'évêque et lui adresser ses plaintes. Le seigneur Rainaud montra beaucoup d'irritation contre les filles du Ronceray : il promit, dit-

nialibus, et violenter ablatum corpus reportaverunt in ecclesiam S. Mariæ. Domnus præsul R. aberat. Archidiaconus et primates cleri mandaverunt monialibus, nomine domni præsulis, ut redderetur corpus monachis. Domna abbatissa et aliæ quædam suadebant ut redderetur, timentes ne domnus præsul irasceretur et vindicaret in eas. Cœtere dicebant non expedire eis, propter exemplum nociturum ; sed nec oportere, cum suo damno et periculo, eas suscipere quidquid senioribus illis placeret nomine præsulis impetrare, quia nec finis esset futurus talium. Tunc præcepit archidiaconus omnibus presbiteris ecclesiæ ne facerent obsequium mortuo cum monialibus. Undique coarctatæ quærentes, invenerunt peregrinum presbiterum, quod perfacile est Andegavis invenire, et sepelierunt eum.

Interea profectus est abbas S. Sergii ad domnum præsulem, fecitque suam proclamationem. Domnus præsul, iratus in moniales, promisit ei, ut

on, à l'abbé de lui faire rendre pleine satisfaction ; et il ne se montra que trop fidèle à tenir sa parole.

De retour à Angers, le prélat mande devant lui l'abbesse et les religieuses. « Vous allez, leur dit-il, exhumer de suite le cadavre, » et vous le rendrez aux moines : autrement je saurai bien punir » votre désobéissance, et plus sévèrement que vous ne pouvez le » soupçonner. Les moyens ne me manqueront pas, soyez-en persua- » dées. Je commencerai par fulminer l'interdit contre votre église ; » je la condamnerai à un silence perpétuel ; puis, en toute circons- » tance, je vous ferai souffrir tout ce que vous pouvez attendre de » la part d'un pasteur offensé. »

Ces menaces étaient terribles, néanmoins elles n'abattent pas le courage des religieuses. Après des réflexions aussi sérieuses que leur esprit le permettait, et, après un examen approfondi tant du fait actuel que de ses conséquences, elles persistent à défendre leurs droits. « Mieux vaut encore, se disaient-elles, encourir, pour le bien » du couvent, la colère du seigneur Rainaud que de souscrire à ses » ordres. Dieu, par sa grâce souveraine, finira bien par adoucir le » cœur de notre évêque. »

Les choses étaient en cet état, lorsque, pendant la nuit de la Saint-Martin, à leur insu, le cadavre de Bernier fut exhumé du cimetière Saint-Laurent, et transporté, par eau, à Saint-Serge. Dès le lendemain matin, les religieuses, en proie à une grande désolation, envoient porter leurs plaintes et leurs protestations chez ceux qui détenaient la dépouille mortelle de leur paroissien. Les témoins ne manquaient pas ; mais il ne se trouva personne pour constater leurs démarches et leur faire obtenir un jugement. Des clercs et des laïques, connus par leur sagesse, dont plusieurs étaient aussi des

fama ferebat, satisfacere de hac re : res vero vera fuit. Reversus ad urbem, mandavit præcipiendo abbatissæ et monialibus ut effoderent et redderent corpus ; alioquin comminabatur eis se nociturum quantumcumque posset, et hoc multum esset : primum quidem perpetuo silentio se damnaturum ecclesiam S. Mariæ ; deinde quotquot in episcopio suo fieri solent ab offenso pastore. Illæ autem, pro suo intellectu, consideratis rebus præsentibus et secuturis, elegerunt potius pati quidquid ei placeret, quousque Deus eum placabilem faceret, quam facere quod jubebat.

Nocte festo sancti Martini, minis adhuc pendentibus, nescientibus monialibus, effossum est corpus et delatum, per aquam, ad S. Sergium et traditum monachis. Mane facto, contristatæ vehementer, miserunt querimoniam suam et calumniam ubi corpus jacebat, audientibus qui aderant ; sed non fuit qui respiceret vel judicium faceret. Cum enim sæpe diceretur eis a sapientibus

plus renommés par leur amour pour la justice, disaient souvent aux religieuses : « Votre cause est bonne et juste, mais il vous fau-
» drait un défenseur dévoué, prudent; et quoique vous ayez, par la
» forme, péché en diverses circonstances, néanmoins, au fond, la
» raison n'en est pas moins toujours de votre côté. »

Cependant aucun de ceux qui leur portaient intérêt, leurs suzerains et leurs amis aussi bien que leurs parents, les hommes d'état, comme les gens d'église, n'ose prendre en main leur défense; l'affaire est entièrement abandonnée à la volonté et à la passion de leurs adversaires. Les moines de Saint-Serge ensevelissent donc le corps. Quant aux pauvres sœurs, confuses et animées d'une profonde tristesse, elles ne peuvent que se décider à faire une enquête, afin de savoir par qui il a été volé.

On le disait en effet presque partout : plusieurs des serviteurs du monastère avaient eu connaissance du fait, et en étaient même les complices.

L'abbesse, entourée de ses religieuses, les réunit donc tous. Elle leur parle avec énergie, et exige d'eux ou qu'ils avouent leur faute, ou qu'ils prouvent leur innocence par le jugement de Dieu. Aussitôt la nouvelle est portée à l'évêque, et le seigneur Rainaud interdit impérieusement toute épreuve judiciaire à ce sujet. Cette défense parut singulière et inouïe à tous ceux qui l'entendirent : elle donna lieu à de nombreuses et bien diverses interprétations; mais il ne nous appartient pas de les détailler ici, et tel n'est pas notre but.

Sur ces entrefaites, beaucoup de personnes expérimentées s'interposèrent auprès de l'abbesse et du couvent. « Des religieuses,

clericis et laïcis, a quibusdam e iam dilectoribus justitiæ, se bonam et justam causam habere, si quis eam prudenter et recte defenderet, nec multum officere quidquid in ipsa re peccaverant; nullus tamen de principibus vel amicis earum, reipublicæ sive de cognatis earum et affinibus, causam illam tuendam suscepit; sed arbitrio et desiderio adversariorum totum negotium permissum est.

Monachi sepelierunt corpus. Illæ vero, confusæ et justo dolore percussæ, verterunt se ad exquirendum a quibus furatum fuerit corpus. Dicebatur enim a multis quosdam famulos ecclesiæ conscios et cooperatores fuisse facti illius. Cum, omnibus ergo convocatis, cœpissent vehementer exigere ut, si fecissent, patenter edicerent aut se secundum judicium legis expurgarent, imperiose mandavit domnus præsul ne cuis de hac re compelleretur. Inusitatum et valde mirabile visum est omnibus audientibus, et inde multæ et diversæ suspiciones ortæ sunt; sed non est nostrum eas explicare, quia nec hoc suscepimus.

» leur disaient-elles avec une conviction profonde, ne doivent pas
» rester, quelqu'en soit le prétexte, dans un état d'hostilité aussi fla-
» grante vis-à-vis de leur évêque, lors même qu'elles pourraient lui
» résister. Cherchez plutôt du secours dans la soumission que dans
» la révolte; sollicitez du prélat la paix et le pardon : il est très
» douloureux de voir qu'en voulant sauvegarder les intérêts de votre
» abbaye dans l'avenir, vous vous laissiez entraîner aux procès les
» plus nuisibles pour le présent; il appartient à Dieu seul, et non
» pas à l'homme, de prévoir les événements et les périls qui pourront
» éclater un jour ! »

Elles se laissent donc persuader, et envoient auprès du seigneur Rainaud de Martigné, pour lui demander sa paix et son pardon, des fondés de pouvoir, qui ne se conduisaient pas tous avec une entière franchise; depuis longtemps, en effet, elles avaient renoncé à agir par elles-mêmes.

Un jour l'abbesse Tiburge et plusieurs de ses filles se rendent, pour cette malheureuse affaire, en la cour de l'évêque. Elles ne peuvent lui en parler, ni même le voir : Rainaud s'était montré indigné de ce que des laïques, hommes probes et éclairés, auxquels elles avaient recours dans toutes les circonstances critiques, les eussent accompagnées jusqu'à son palais. « Dans une cause semblable, » avait-il dit, il ne doit intervenir que des clercs. » Mais, parmi les clercs, ceux qui étaient attachés au Ronceray, comme ceux qui lui étaient étrangers, il ne s'en trouvait pas un seul qui osât ou voulût comparaître au nom des religieuses devant le seigneur évêque, lui exposer leurs droits, et réfuter les arguments de leurs adversaires.

Le prélat reçoit néanmoins l'écrit contenant leur supplique pour

Postea persuasum est monialibus, a multis bene scientibus, non debere se quacumque causa cum suo pontifice, etiam si resistere possent, perpetem discordiam habere; sed magis ad humilitatis auxilium confugere, veniam et pacem ab eo postulare : miserrimum esse, dum nituntur posteris suis consulere, se ipsas noxiis contentionibus occupare; Dei esse, non hominis, futuris casibus et periculis providere.

Ex tunc cœperunt, per internuntios, veniam et pacem postulare, quorum quidam videbantur non simpliciter agere : ipsæ enim jam olim non agebant causam suam per se. Aliquando enim, pro hac necessitate ad curiam domni præsulis profectæ, non sunt admissæ ad ejus colloquium vel conspectum. Indignabatur enim quod laïci, viri probi qui solebant eis in suis necessitatibus auxiliari, comitabantur eas; dicens non nisi per clericos licere istud negotium tractari. Inter clericos autem, vel suos vel alienos, non inveniebatur qui auderet sive vellet ante domnum præsulem pro eis verbum proponere

qu'il se réconciliât avec elles. Il décide aussi, en qualité de juge, que l'abbesse et celles des sœurs qui ont assisté à la sédition (la plupart en effet n'étaient pas sorties de l'abbaye), ainsi que les serviteurs dont les clameurs et le concours ont excité et assisté les bourgeois du Ronceray, lors de l'enlèvement du corps, feront amende honorable, quand, où et comme il lui plaira de le prescrire.

Des affaires plus importantes encore que celle-ci étant survenues, il y eut nécessité d'en ajourner la conclusion à une époque plus convenable. L'abbesse fut obligée de partir pour le Bourg des Moutiers, riche prieuré du diocèse de Nantes, dont la propriété était revendiquée par les bénédictins de Luçon, en Bas-Poitou (1). Elle y fut retenue près de trois mois, mais finit par obtenir gain de cause. En son absence, le seigneur évêque mande aux religieuses de rendre à Saint-Serge le pallium dont elles s'étaient emparées avec le corps. Elles ne pensaient pas qu'on pût les y contraindre avant qu'il y eût un jugement contradictoire sur la plainte qu'elles avaient formée au sujet de l'exhumation et de l'inhumation de leur paroissien par l'abbé Gautier et ses moines : toutefois, malgré le préjudice que leur causait cette restitution, elles y consentent, ne voulant rien faire pour retarder une paix dont les préliminaires étaient posés, et sur laquelle elles comptaient déjà, ainsi que sur le repos dont leur monastère avait tant besoin. L'abandon du corps de Bernier, volé nuitamment dans leur cimetière, l'absence de tout jugement sur la coupable sédition dans laquelle leurs serviteurs avaient été gravement blessés, et elles-mêmes honteusement trai-

sive respondere. Suscepit itaque petitionem earum, ut reconciliaretur eis ; et judicavit abbatissam cum monialibus quæ interfuerant seditioni, multæ enim domi remanserant, et cum famulis quorum clamore et auxilio permoti et adjuti burgenses corpus abstulerunt, debere satisfactionem facere, quando et ubi et quomodo vellet.

Intervenientibus siquidem majoribus negotiis, in tempus oportunius dilata est. Interea profecta est abbatissa ad sua agenda, ubi fere tribus mensibus demorata est. Illa absente, jussit domnus præsul reddi pallium S. Sergii, quod ablatum fuerat cum corpore. Etsi videbatur monialibus non debere eas cogi ut pallium redderent, nisi et ipsæ judicium et rectum a monachis pro corpore super calumnia sepulto susciperent; tamen ne quid obesset inchoatæ paci, quasi aliquid injuriæ patientes, reddiderunt. Igitur cum jam putarent se pacem et quietem magno pretio, ut æstimabant, comparatam

(1) Voir les Chartes relatives à ce procès dans le même Cartulaire, Rôle 1, chap. 96 ; R. III, ch. 10, 65; R. IV, ch. 84; R. V, ch 55, 61-65; R. VI, ch. 46, 48, 55, 55.

tées par les moines qui avaient déchiré leurs voiles et arraché leurs coiffures, l'interdiction de poursuivre les auteurs du vol et leurs complices, étaient des sacrifices assez énormes, pour qu'à ce prix elles pussent croire à une réconciliation ; mais leurs peines n'étaient pas encore finies : elles en eurent la preuve par une vexation d'autant plus grave, que la cause en était plus vile.

A la suite des dernières concessions faites par les religieuses, le seigneur évêque s'était montré très affectueux à leur égard. « Nous » voici donc réconciliés, mes chères filles ; mais, pour que la récon- » ciliation soit plus complète encore, j'irai demain au monastère » de Sainte-Marie, j'entrerai dans votre chapitre, et je vous y dirai » de bonnes et paternelles paroles. »

La doyenne et la cellérière, qui s'étaient rendues au palais épiscopal au nom de tout le couvent, lui demandaient, pour en instruire la communauté, à quelle heure elles auraient l'honneur de le recevoir, lorsque le prélat, cédant à on ne sait quelles suggestions, au lieu de répondre à cette demande, leur dit, avec une sorte de distraction : « A propos, avez-vous rendu aux moines de Saint-Serge » le drap qui recouvrait le corps du défunt ? » « Seigneur, répliquent » tout à la fois les deux religieuses, nous ne l'avons pas rendu, et » nous ne pouvons pas le rendre. Nous sommes en droit de prendre » les draps funéraires de tous les corps qui sont enterrés dans notre » cimetière ; et comme le corps de Bernier a été enlevé furti- » vement, non par jugement, notre droit subsiste toujours. » « Eh » bien, reprit l'évêque avec vivacité, je jure que je ne mettrai pas

obtinere, quippe quia nec corpus furto nocturno effossum et ablatum reddebatur, nec judicium fiebat de actoribus seditionis qui se ipsas suosque famulos inhoneste ceciderant et velamina capitum earum diruperant, præterea non sinebantur actores et comministros furti legaliter exquirere.

Tunc orta est eis vexatio tanto gravior quanto vilior. Domnus enim præsul, ignotum a quibus stimulatus, cum etiam promisisset monialibus, ad plenam reconciliationem, se venturum ad earum capitulum et bona et paterna verba locuturum, assistentibus legatis earum, decana videlicet atque cellaria, ut audirent ab eo, renuntiaturæ cæteris, quota hora diei crastinæ suscepturæ essent illum ; tunc subito, quasi nesciens, scitatus est utrum reddidissent villosum quo defuncti corpus fuerat opertum. Illæ responderunt se nec reddidisse neque reddituras fore, quia juris erat earum omnium corporum quæ sepeliunt villosos habere : corpus illud furto, non judicio, sibi ablatum fuisse. Juravit domnus præsul, quamdiu non redderetur, se nunquam ingressurum in ecclesiam S. Mariæ, nec se valiturum eis vel earum rebus in bonum.

» les pieds dans l'abbaye de Sainte-Marie avant que le drap ait été
» rendu; et ne comptez plus sur moi pour faire du bien à votre
» église ni à vos personnes! »

La doyenne et la cellérière, de retour au Ronceray, ne manquent pas de réunir les religieuses : toutes éprouvent une douloureuse impression en apprenant les nouvelles exigences du seigneur Rainaud; aussi lui font-elles répondre, assez sèchement, que l'abbesse étant absente, quoiqu'il pût arriver, elles ne se dessaisiront pas du drap mortuaire.

A coup sûr, ce n'était pas la valeur de ce drap qui les engageait à parler ainsi. Pauvres femmes, entourées d'hommes forts, de clercs et de moines savants, dont quelques-uns attachent peu de prix aux choses spirituelles, et apportent toute leur application, tout leur honneur à augmenter leurs biens, à étendre leurs domaines, sous prétexte de glorifier les saints au service desquels ils sont consacrés, elles craignaient qu'à l'occasion d'un méchant morceau d'étoffe, leurs adversaires ne machinassent quelque perfide projet pour l'avenir.

Le prélat protestait cependant que telle n'était pas son intention. « Par le très saint nom de Dieu, disait-il, il n'en résultera pas de » mal pour votre monastère! Tous les clercs et tous les moines de » mon diocèse me conseilleraient de vous faire tomber dans le » moindre piége, que je n'y donnerais jamais ni ma coopération ni » mon assentiment; mais je n'en suis que plus décidé à faire exécuter » la restitution que j'ai ordonnée. »

A son retour, l'abbesse, dame Tiburge, apprend des religieuses tout ce qui s'est passé depuis qu'elle a quitté Angers. L'affaire est discutée longtemps, examinée sous toutes ses faces : on cherche en vain un autre moyen d'apaiser le prélat. Enfin l'abbesse et un très

Renuntiato cœteris monialibus, remandaverunt domno præsuli se minime reddituras, quocumque res verteret, absente abbatissa. Non reputabant moniales pretium villosi sed, ut feminæ habitantes inter viros fortes et sapientes clericos et monachos, inter quos et aliqui sunt minus spirituales, qui magno merito et laudi volunt adscribere terminos suos dilatare, sub nomine sanctorum quibus serviunt, timebant ne, sub occasione reddendi villosum, machinaretur eis in posterum aliquid mali ab adversariis suis. Domnus vero præsul testabatur, invocans verbo tenus sanctissimi Dei, quod utique verum erat se nullum malum moliri in hoc. Si omnes sui clerici vel monachi suaderent ut aliquid insidiose facere, se nunquam assensum esse præstiturum ; vellet tamen fieret quod jusserat.

Postquam, reversa abbatissa, renuntiatum est ei a monialibus, sæpe mota,

petit nombre des sœurs se prononcent énergiquement contre celles qui persistaient à vouloir faire encore résistance. Et parce qu'il était trop contraire à la règle d'une maison vraiment chrétienne de voir son chef spirituel la traiter en père offensé et irrité, d'être privée, depuis près de six mois, de la bénédiction du prélat, de son absolution et des biens qui en découlent, malgré l'opposition de la plupart des religieuses, elles rendirent le drap funéraire au seigneur évêque. Ainsi fut terminée le 17 avril 1111, cette longue et triste contestation.

Notre récit est la reproduction, presque littérale, de la charte transcrite dans le Rôle V, chapitre 97, du Cartulaire du Ronceray, un des manuscrits les plus précieux de M. Grille, et que l'administration municipale dont on ne saurait trop proclamer la sollicitude pour tout ce qui concerne l'histoire de l'Anjou, a fait entrer dans sa bibliothèque.

Il sera facile de comparer la traduction avec le texte, placé en note du document original, que nous imprimons non seulement à cause de son importance, mais encore parce que c'est le seul témoignage des graves contestations que les religieuses du Ronceray ont eues avec l'évêque d'Angers et les moines de Saint-Serge. Le lecteur décidera, sans peine, si le résultat de ce curieux mais affligeant procès, a été conforme en tout aux principes de la justice. En tout cas, il ne pourra s'empêcher de reconnaître la modération des humbles filles, en butte aux attaques d'adversaires qui mettaient, comme elles le disent avec tant de raison, tout leur honneur à augmenter leurs biens, à étendre leurs domaines, sous prétexte de glorifier les saints au service desquels ils sont consacrés. Du reste, elles ne furent pas toujours aussi malheureuses dans la défense de leur droit de paroisse. Nous en donnerons, plus tard la preuve, en racontant la lutte prolongée qu'elles ont soutenue, pour ce même droit, contre leurs voisins les moines de Saint-Nicolas d'Angers.

sæpe agitata quæstione hac inter se, ubi etiam satis temptatum est an aliter posset placari domnus præsul et nihil effectum, tandem abbatissa, et cum ea paucissimæ, erexerunt se contra obstinatas in priori sententia. Et quia nimis erat contra regulam christianitatis patrem spiritualem tam diu habere offensum et iratum, benedictione pontificali et absolutione aliisque bonis inde expectandis carere, cæteris nolentibus, reddiderunt domno præsuli villosum, XV° kalendas maii.

Angers. Imp. de Cosnier et Lachèse.

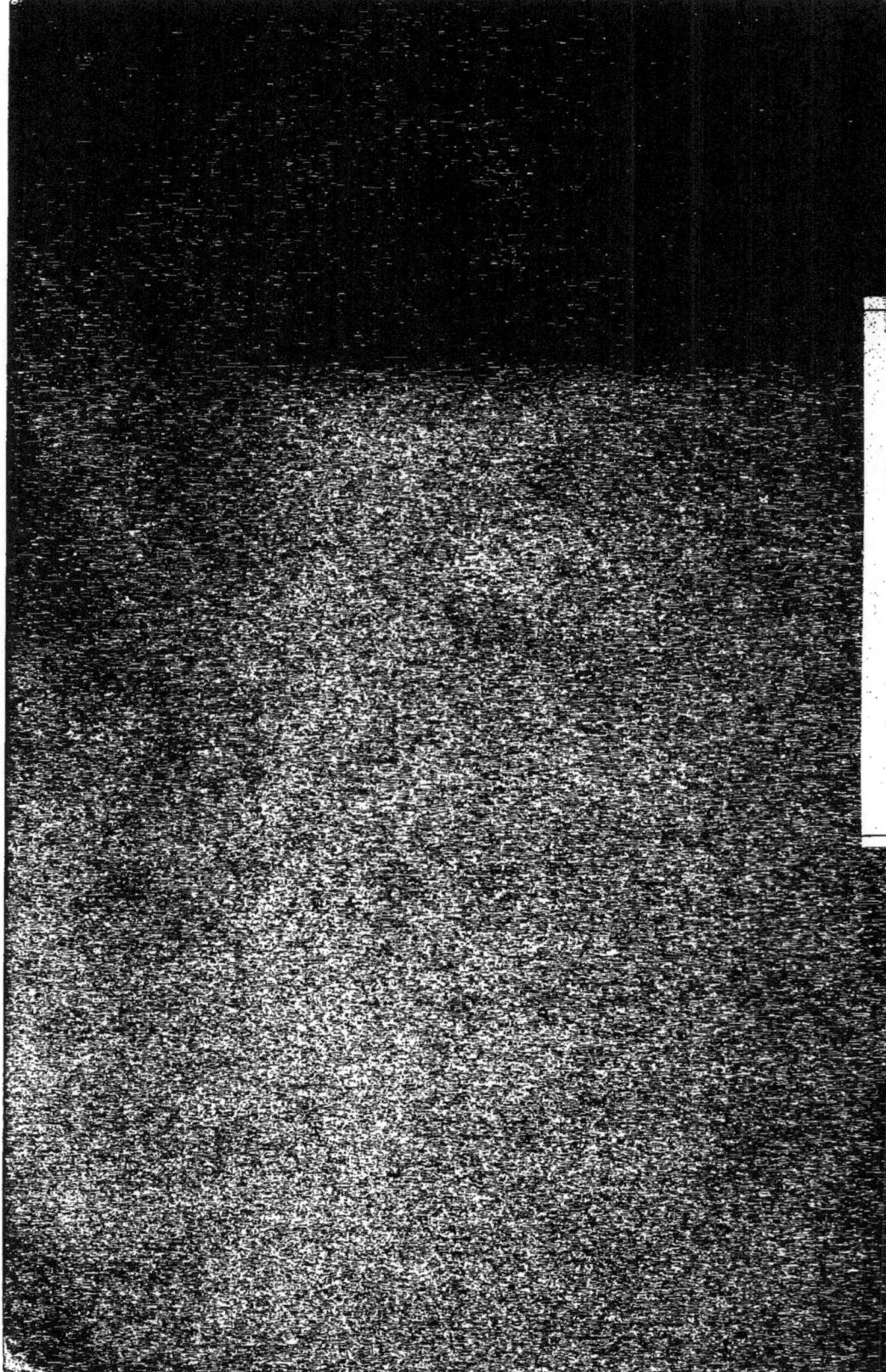

www.ingramcontent.com/pod-product-compliance
Lightning Source LLC
Chambersburg PA
CBHW071438060426
42450CB00009BA/2226